AF290067

Impressum:
Hanna Roth
c/o COCENTER
Koppoldstr. 1
86551 Aichach

Hannas
ROTH

Das Spektrum des Banalen –
im Palast der Polemik

Ein TRASH-TV-Malbuch von @hannasroth

AMORE?

DU BIST EIN
CHIHUAHUA!

TESSA
KOMM
HER!

AMORE!

EIN BISSCHEN
FRIEDEN!!!

MAL
ABGESEHEN
VON DER
SITZBANK
DES
SCHLECHTEN
BENEHMENS.

JUNGE
SEI
NICHT
SO
FRECH!

EY
AMORE!?

PEINLICHER!

MÄDCHEN,
GEHT
GAR
NICHT!

ICH KANN DAS
NICHT
ERKLÄREN!

OHNE MICH
WÄRST DU
NICHTS!

EINE DEAL-
BEZIEHUNG

ORNITOLOGIE
—
SEXUALITÄT

DIE
VEGANE
DIKTATUR

OK DANN WAR
DAS
AUTHENTISCH.
DANN WAR DAS
ECHT. ABER
DANN SEID IHR
IN ECHT
SCHEIßE.

ROT WIE
EINE
TOMATE
DU BIST.

ALLES LIEGEN
LASSEN.
RUHE FINDEN.

OCH
NITOLOGIE

HERR
DOTTORE
AMORE

BIST DU
KOMISCH?

Andere Malbücher von @hannasroth:

"Das Spektrum des Banalen"

"Das Malbuch für cholerische Mäuse-
Blumen & Beleidigungen"

"Kreatives Blumen-ABC-Malbuch"

"Kreatives-Fantasie-
Tier-ABC-Malbuch"

"Animal-ABC-Coloring-Book"

"Dating Proverbs:
Ancient Wisdom for Modern Love"

"Reimagining Art: A Coloring
Book of Timeless Treasures"

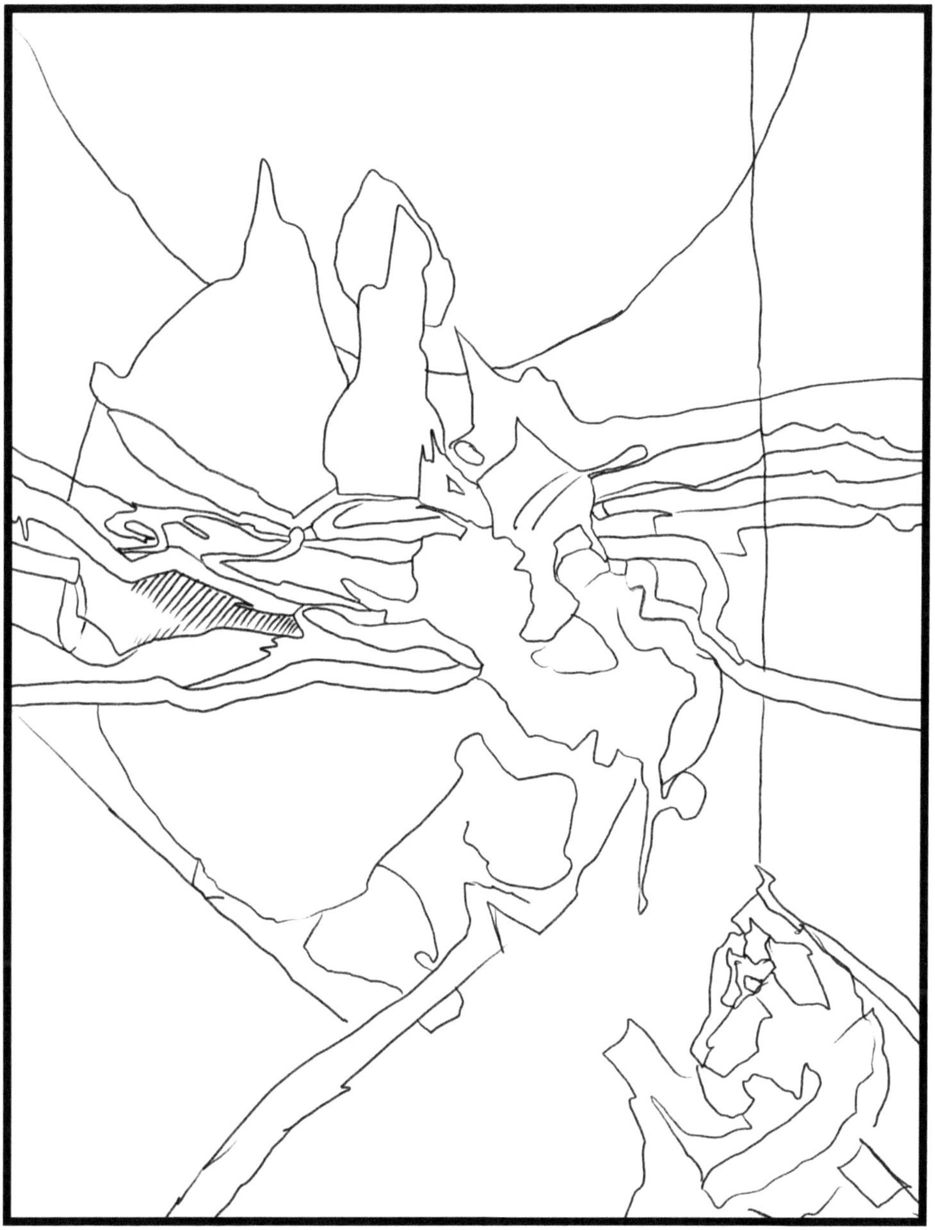

"Abstract-Coloring-Book"

"WRITING BAD WORDS.."